Rollenspiel

Rollenspiel

Ursula Warner

Macmillan Education

First published 1986

Published by
MACMILLAN EDUCATION LTD
Houndmills, Basingstoke, Hampshire RG21 2XS
and London
Companies and representatives
throughout the world

Typeset by
Vine & Gorfin Ltd, Exmouth, Devon
Printed in Hong Kong

British Library Cataloguing in Publication Data
Warner, Ursula
Rollenspiel.
1. German language—Spoken German   2. German
language—Text books for foreign speakers—
English   3. Role playing
I. Title
438.3'421   PF3121
ISBN 0-333-41596-5

Contents

Preface

This is a book for pupils in their first and second year of German. It contains 10 short plays. Each play has three short scenes, involving 2–6 characters. For the most part the characters can be played by either boys or girls. The characters are given letters rather than names, so that pupils can make their own choice of names from the list provided. In order to make the acting easier, each scene has a synopsis and all stage directions are in English. This will help students to concentrate on the spoken German.

At the end of each play there is:
(a) an alternative ending, which can be translated
(b) a vocabulary
(c) a set of 10 questions and answers
(d) a German language game.

As all the scenes are short, the parts can easily be learnt by the pupils. Only very simple props are required, to make the performance more fun. Some language departments have access to video equipment, and the short plays are ideally suited to this technique. Sock puppets may help the more self-conscious participants. They would encourage a freer use of words, as parts could be read.

Rollenspiel offers the opportunity to have fun, while learning colloquial German and gaining oral confidence.

1

Wo ist mein Koffer?

(5 characters, 3 scenes)

2 young travellers, 1 customs officer, 2 information clerks

Choose the names for the travellers:

Die Mädchen	*Die Jungen*
Sabine	Stefan
Steffi	Sam
Rosemarie	Rudi
Ruth	Rolf

Customs officer – Zollbeamter (Z)
2 Information clerks – Auskunftbeamter 1 & 2 (A1, A2)

R_____ has arrived by plane at a German airport. When he/she tries to retrieve his/her suitcase, it is not there. However, he/she takes one that looks just like it, hoping to exchange it later. He/she tells the customs officer, who will not allow him/her through customs, but sends him/her to the information desk.

Scene 1

R: *(Very worried)* Das ist nicht mein Koffer.

Z: *(Puzzled)* Was meinst du?

R: Mein Koffer sieht genau so aus, aber er ist nicht da.

Z: Das geht nicht. Geh' zum Auskunftsschalter.

R: Wo ist der Auskunftsschalter?

Z: *(Pointing to the opposite side)* Da drüben.

R: *(At the information desk)* Das ist nicht mein Koffer.

A1: Wie heißt du?

R: Ich heiße R. Smith.

A1: Woher kommst du?

R: Ich komme von London.

A1: Was ist deine Flugnummer?

R: Meine Flugnummer ist D439.

A1: Um wieviel Uhr kam das Flugzeug hier an?

R: Um 15 Uhr.

A1: Einen Moment. Ich suche deinen Koffer durch den Lautsprecher,.

(She/he checks the label on the case and speaks into the public address system)

S _____, just about to leave the airport, realises that he/she has taken the wrong case from the luggage retrieval. So he/she too makes his/her way to an information desk, but on a different floor to R.

Scene 2

S: Entschuldigen Sie bitte, ich habe einen falschen Koffer.

A2: Was meinst du?

S: Ich habe den falschen Koffer vom Band genommen.

A2: Wie ist denn das passiert?

S: Mein eigener Koffer sieht genau so aus.

A2: Wie ist dein Name?

S: Mein Name ist S. Jones.

A2: Wann bist du hier angekommen?

S: Um 3 Uhr.

A2: Und was ist deine Flugnummer?

(Looks at his/her ticket for the number, and hears the following announcement over the loudspeaker)

A1: *(Through loudspeaker off-stage)* Fluggast: S. Jones aus London bitte zum Auskunftsschalter Nr. 1 kommen!

Scene 3

S _____ makes his/her way to information desk 1 and exchanges cases with R _____. It is quite a friendly exchange, because R _____ realises that the cases are identical and even bought at the same store.

R _ _ _ _ _ and S _ _ _ _ _ walk out of the airport together and find out that they are both staying with German friends for two weeks, and will in fact live in the same road while there. They hope to meet again during their stay.

S: *(Arriving at counter 1)* Ich bin S. Jones.

A1: Hast du den Koffer von R. Smith?

S: Ja, hier ist er. Es tut mir leid. . . . .

R: Na, die Koffer sind ja beide braun.

S: Mein Koffer ist von Woolworth.

R: Ja, meiner auch.

S: Gott sei Dank war ich noch hier auf dem Flughafen.

(They exchange cases and walk to the exit together)

R: Wie lange bleibst du in Deutschland?

S: Zwei Wochen.

R: Ich auch.

S: Wohnst du bei Deutschen?

R: Ja, und du?

S: Ja, bei deutschen Freunden.

R: Wo wohnen deine Freunde?

S: In Heidelberg – in der Mozartstrasse 16.

R: *(Laughing)* Ach, das ist aber komisch!

S: Warum komisch?

R: Meine Freunde wohnen auch in der Mozartstrasse in Heidelberg.

S: Das ist ja prima!

R: Da werden wir uns bald wiedersehen.

This play ended quite amicably. Try the alternative ending.
Start from Scene 3, **S:** *Es tut mir leid . . . . . .*

S: Es tut mir wirklich leid.

R: Mein Koffer war aber neu. Jetzt ist er kaputt.

S: Da kann ich aber nichts dafür!

A1: *(Trying to calm R _ _ _ _ _)* Na, na nur nicht aufregen!

S: Vielleicht ist der Koffer beim Aufladen kaputt gegangen.

A1: Ja, das kann sein.

R: Ja, dann bezahlt das meine Versicherung.

S: Ja, es tut mit wirklich leid.

Vocabulary

Das Aufladen – loading
sich aufregen – to get excited
der Auskunftsschalter –
  information desk
bleiben – to stay
falsch – wrong
der Flughafen – airport
der Fluggast – (air) traveller
kaputt – damaged
der Koffer – suitcase

komisch – funny
der Lautsprecher –
  loudspeaker
meinen – to mean
passieren – happen
prima – first class, great
  (colloquial)
sieht genau so aus – looks just
  the same *(aussehen (sep))*
die Versicherung – insurance .

Zum Kopfzerbrechen

1 Warum hast du den Koffer von R?
  Mein ...... auch ....

2 Ist dein name R_____?
  Nein, ... S_____.

3 Was ist der Name auf dem Gepäckzettel?
  Der ...... R_____.

4 Woher kommst du heute?
  Heute ....

5 Was ist deine Flugnummer?
  Meine ....

6 Wann bist du in Deutschland angekommen?
  Ich bin ...... angekommen.

7 Bei wievielen Auskunftsschaltern warst du?
  Ich war ....

8 Wo wohnst du in Deutschland?
  Ich wohne ....

9 Was ist die Adresse von R_____ in Deutschland?
  Seine (ihre) ......

10 Wirst du R_____ wiedersehen?
   Ja, ... hoffe es.

Und jetzt ein Wortspiel

Imagine R _ _ _ _ _ opens S _ _ _ _ _'s case;
make a list of all the items that might be
packed for a two-week holiday. (You may
use a dictionary.) The one with the most
items after five minutes may read them out.
All who have the same words, delete them.
The winner is the one who has the most
words left.

2

Schwimmen?

(2 characters, 3 scenes)

Two friends.

Choose their names:

Die Mädchen	*Die Jungen*
Helga	Heinz
Heidi	Herman
Hilde	Hans
Gertrud	Gerhard
Gretel	Günter
Gisela	Georg

*In Scene 1, H _ _ _ _ _ phones G _ _ _ _ _ to suggest they go
swimming on Sunday. G _ _ _ _ _ agrees. They arrange to
meet outside the pool at 9 a.m.*

Scene 1

*(H _ _ _ _ _ picks up the telephone and dials a seven-digit
number saying the number aloud in German.*

Choose your own number.

H _ _ _ _ _ dials X X X X X X X.
The phone rings and G _ _ _ _ _ answers it.)

G: Hallo, hier ist G _ _ _ _ _.

H: Guten Tag, hier ist H _ _ _ _ _.

G: Guten Tag, na, wie geht's?

H: Oh, gut danke. Was machen wir denn am Sonntag?

G: Ich weiß noch nicht.

H: Ich möchte schwimmen gehen.

G: Ja, ich auch. Wann gehen wir?

H: Treffen wir uns morgens um 9?

G: Das ist sehr früh, aber O.K. Und wo?

H: Vor dem Hallenbad.

G: Ja, tschüss bis dann.

H: Tschüss, bis Sonntag um 9.

*In Scene 2 the friends meet as arranged, but find that the
swimming pool does not open until 10 a.m., so they decide to
go to a café instead.*

Scene 2

G: *(Pleased)* Oh, da bist du.

H: Guten Morgen. *(They go to the door which is locked)*

G: *(Reading from a notice board)* Sonntag 10 bis 22 Uhr.

H: Die machen erst um 10 Uhr auf.

G: Was machen wir bis dahin?

H: Wir gehen in ein Café.

G: *(Pleased)* Oh ja, aber wo?

H: Da drüben.

(They go to a self-service café and help themselves to gateau with cream, raspberry ice cream and Coca-Cola)

G: Ich nehme ein großes Stück Torte mit Sahne.

H: Himbeereis für mich.

G: Ich trinke Coca-Cola, und du?

H: Ja, das trinke ich auch.

G: Das schmeckt gut. *(Enjoying the cake)*

H: Ja, mir auch. Ich esse Himbeereis *so* gern.

(They make their way back to the pool)

In Scene 3, the two friends are just about to pay at the swimming pool, when they see another notice, saying that swimming without caps is not allowed. As they have no caps, and have in any case eaten too much, and are feeling sick, they go to the park instead. This pleases H _ _ _ _ _, as it does not cost anything.

Scene 3

G: *(Reading)* Schwimmen ist nur mit Badekappe erlaubt.

H: *(Very annoyed)* Das ist aber wirklich dumm!

G: Meine Kappe ist zu Hause.

H: Und ich habe keine.

G: *(Holding her stomach as though feeling sick)*
Ooh, ich habe zu viel Torte gegessen.

H: *(Also looking sick)* Mir ist auch schlecht.

G: Dann gehen wir besser nicht schwimmen.

H: Aber was machen wir jetzt? . . . .

G: Wir können in den Park gehen.

H: *(Looking pleased)* Oh, ja, gut. Das kostet auch nichts. Mit
dir unternehme ich gern was.

(Try giving this play a different ending.)
Start from: Scene 3, **H:** *Aber was machen wir jetzt* . . . . . .

H: Aber was machen wir jetzt?

G: Ich weiß nicht.

H: Wieviel Geld hast du?

G: Ich habe 5 Mark.

H: Und ich habe 4 Mark.

G: Das ist nicht viel.

H: Vielleicht können wir mit dem Bus zu einem andere
Schwimmbad fahren.

G: Ja, und wenn wir dort ankommen, ist uns sicher nicht
mehr schlecht.

Vocabulary

ankommen (sep.) – to arrive
Die Badekappe – swimming cap
da drüben – over there
erlaubt – permitted, allowed
etwas unternehemen (insep.) – do something, plan, undertake
früh – early
das Himbeereis – raspberry ice cream
machen – to do, to make

schlecht, mir ist schlecht – to feel sick – I feel sick
schmecken – to taste
schwimmen – to swim
sich treffen – to meet
tschüss (colloquial) – goodbye, so long.
übel – mir ist übel – sick – I feel sick

Zum Kopfzerbrechen

Imagine you are H _ _ _ _ _ and have to answer the following questions.

1   Wie heißt dein(e) Freund(in)?
    Sie,(er) ....

2   Um wieviel Uhr gehst du mit G _ _ _ _ _ schwimmen?
    Wir ...... um ...... schwimmen.

3   Wann macht das Hallenbad auf?
    Es macht ...... auf.

4   Was ißt G _ _ _ _ _ im Café?
    Sie(er) ......

5   Was trinkst du?
    ...... trinke ......

6   Was ist im Hallenbad verboten?
    Ohne ...... zu ....

7   Warum ist euch schlecht?
    Wir ...... gegessen.

8   Wohin will G _ _ _ _ _ gehen?
    Sie(er) will ...... gehen.

9   Wieviel kostet es, in den Park zu gehen?
    Es ....

10 Unternimmst du gern was mit G _ _ _ _ _?
    Ja, ... gern etwas.

Noch ein Schauspiel

Wo ist G _ _ _ _ _?

Two of you pretend to be G _ _ _ _ _'s parents.
They have tried to meet G _ _ _ _ _ at the
swimming pool, as it is getting very late. The
parents look both at the pool and the café. They
might ask each other: 'Wo ist G _ _ _ _ _? Ist sie
(er) im Hallenbad?' etc. When they eventually
track her (him) down, they question her(him)
about the day. Especially, why he/she did not go
swimming, which he/she said he/she would do.
Perhaps you can make use of some of the
questions from 'Kopfzerbrechen'.

If you are understanding parents, you will let
them off. However, if you are not satisfied with
G _ _ _ _ _'s answers, you will punish her/him by
perhaps forbidding G _ _ _ _ _ to go out for a
week. ('Du darfst . . . nicht ausgehen.') But use
your own imagination.

3

Die Gräte

(5 characters plus 2 helpers for lifting; 3 scenes)

Choose names for the characters:

Die Mädchen	Die Jungen
Anneliese	Adam
Amanda	Albert
Barbara	Benjamin
Bertha	Bernhard

The waiter – Der Ober (O)
Passer-by – Vorübergehender (V1)
Passer-by – Vorübergehender (V2)

*The scene takes place in a sitting room. A _ _ _ _ _ and
B _ _ _ _ _ are discussing what they like doing and where to
spend the evening. They agree to go to a good restaurant, as
they like eating.*

Scene 1

A: Willst du heute abend etwas unternehmen?

B: Oh, ja bitte.

A: Aber was wollen wir machen?

B: Ich weiß nicht.

A: Was machst du gern?

B: Ich gehe gern in die Disko.

A: Ach nein, nicht schon wieder in eine Disko.

B: Was macht dir Spaß?

A: Ich esse und trinke gerne; und du?

B: Ja, ich esse auch gern.

A: Na gut, dann gehen wir zu einen Restaurant.

B: Ist das nicht sehr teuer?

A: Ja, ein gutes Restaurant ist teuer, aber heute ist es das
Beste für uns.

B: Hol' mich um 7 Uhr ab.

A: Ja, O.K.

*A _ _ _ _ _ and B _ _ _ _ _ are in the road and ask a passer-by
where they can get a good meal in the town. They are told
of a restaurant. They then ask another passer-by the way
there.*

Scene 2

A: Entschuldigen Sie bitte, wo kann man hier gut essen?

V1: Im 'Park Hotel' kann man gut essen.

B: Ist das weit von hier?

V1: Ja, ziemlich weit. Aber das Essen im 'Ratskeller' ist auch sehr gut.

A: Vielen Dank.

B: Nun wo gehen wir hin, zum Park Hotel oder zum Ratskeller?

A: Ja zum Ratskeller.

B: Ja, der ist näher.
(They stop another passer-by to ask the way.)

B: Entschuldigen Sie bitte, wie kommen wir zum Ratskeller?

V2: Zu Fuß oder mit dem Auto?

A: Zu Fuß.

V2: Gehen Sie geradeaus, dann links um die Ecke und der Ratskeller ist auf der rechten Seite.

B: Vielen Dank.

A: Ist das weit?

V2: Oh nein, nur zehn Minuten.

The scene takes place in the 'Ratskeller', a very good restaurant. The friends order their meal from a very big menu. While they are eating and talking, B _ _ _ _ _ chokes on a fishbone. The waiter knows what to do, i.e. eat bread. B _ _ _ _ _ gets better, but in the excitement, they nearly forget to pay the bill.

Scene 3

A: *(To the waiter)* Haben Sie einen Tisch für zwei?

O: Ja, dort drüben.

B: Danke schön.

A: Herr Ober, die Speisekarte bitte.

O: *(The waiter hands him the menu)* Was möchten Sie, bitte?

B: *(After studying the menu for a long time)* Wer die Wahl hat, hat auch die Qual. *(German saying meaning: 'Whoever has choice also has agony.)*

A: Gemüsesuppe für mich, dann Curry mit Reis.

O: Auch eine Nachspeise?

A: Ja, gemischtes Kompott.

B: Für mich: Orangesaft, und dann Florelle mit Salat und dann Zitronencreme.

O: Möchten Sie etwas dazu trinken?

A: Ja, eine Flasche Weißwein und Mineralwasser. *(The meal is served.)*

O: Guten Appetit.

A: Guten Appetit.

B: Ja, ebenfalls.
(When A _ _ _ _ _ eats his curry, he finds it much too hot and has to drink a glass of water in a hurry)

B: Oh, du bist komisch! *(B _ _ _ _ _ laughs and chokes on a bone from the trout)*

(B can do a lot of acting here, by pretending to be really distressed and coughing a lot)

A: *(Very frightened, calls out)* Herr Ober, Herr Ober mein(e) Freund(in) hat sich verschluckt. Er (sie) bekommt keine Luft . . . .

O: *(After having a good look at B _ _ _ _ _)* Essen Sie schnell Brot.

A: Ja, trink' auch etwas Wasser.

B: *(Manages to swallow the bone, but holds his (her) throat, because it still hurts.)* Das ist besser, aber mein Hals tut schrecklich weh.

A: Dann gehen wir gleich nach Hause. *(They get up and put their coats on)*

O: *(Annoyed)* Aber bitte, erst die Rechnung bezahlen!

A: *(Looks at the bill and is quite shocked by the amount)* Na, so was, 100 Mark!! Und wir haben fast gar nichts gegessen.

Try the alternative more dramatic ending from **A** *saying: Er (sie) bekommt keine Luft . . . . . .*

O: Ja, ja er (sie) sieht schrecklich aus.

A: Das stimmt. Was machen wir?

O: *(Calls out)* Gibt es einen Artz hier im Restaurant? *(Nobody answers)*

A: *(To the waiter)* Bitte, rufen Sie einen Krankenwagen an.

O: *(Dials and then:)* Hier ist der Ratskeller, bitte schicken Sie schnell einen Krankenwagen. *(B _ _ _ _ _ is carried out on a chair, pretending it is a stretcher)*

A: Besser nicht lachen, wenn man Fisch ißt.

Vocabulary

der Arzt – doctor
Luft bekommen – (be able to) breathe
das stimmt – that's right
dort drüben – over there
die Florelle – trout
geradeaus – straight along
die Gräte – fish bone
hol' mich ab (abholen (sep.)) – to call for, to fetch
der Krankenwagen – ambulance
das Kompott – stewed fruit
die Nachspeise – sweet course
näher (nahe) – nearer

der Orangensaft – orange juice
die Speisekarte – menu
schrecklich – terrible, horrible
verschlucken (sich) – to swallow the wrong way
was macht dir Spaß – what do you like doing
weit – far
wieder – again
ziemlich – rather
die Zitronencreme – lemon syllabub

Und jetzt das Kopfzerbrechen

DU BIST B _ _ _ _ _

1 Wohin gehst du mit A _ _ _ _ _?
  Wir gehen in ......

2 Ist das Restaurant weit?
  ...... es ist ...... weit.

3 Wie heißt das Restaurant?
  Es ......

4 Was bestellst du zum Essen?
  Ich bestelle: ......

5 Ißt du Fisch gern?
  Ja, ich esse ......

6 Hat die Florelle viele Gräten?
  Ja, ... hat viele ......

7 Was ißt A _ _ _ _ _?
  ...... ist ......

8 Ist das Essen im Ratskeller billig?
  ...... es ist ......

9 Wieviel kostet das Essen?
  ...... kostet DM ......

10 Was ist dir im Restaurant passiert?
  Ich habe mich ......

Undjetzt können alle Theater spielen

Find a partner and pretend one of you is
A_____ and the other one is the receptionist at
the hospital where B_____ was sent in the
alternative ending. As B_____ cannot talk,
A_____ will have to answer all the questions
the receptionist might put, regarding B_____'s
name, address, age, etc. Below are some questions
to help you, but try some of your own. Use your
imagination for the replies.

Wie heißt der (die) Patient(in)?

Wie alt ist B_____?

Wo wohnt er (sie)?

Wo wohnen die Eltern?

Was ist passiert?

4

Die Reise

(6 characters, 3 scenes)

Choose the characters' names:

Die Mutter (M) mother

Der Vater (V) father

Das Kind (K) child

Die Kellnerin (KE) waitress

Die Empfangsdame (E) receptionist

Der Hoteldiener (H) hotel porter

*In Scene 1, an English family are in their car, travelling through
Germany. Father insists they only speak German while in
Germany. Mother has the map, but is not very good at
navigating. The child cries for ice cream or drink, but settles to
a word game.*

Scene 1

V: Jetzt sind wir in Deutschland.

M: Na, endlich.

V: Jetzt sprechen wir nur noch Deutsch.

M: Wir werden es versuchen.

V: Hast du die Landkarte?

M: Ja, auf meinem Schoß.

K: Ich habe Durst. *(Nobody takes any notice)*

V: Wo ist die Autobahn?

M: Ich weiß es nicht.

V: *(Annoyed)* Du hast doch die Karte!

M: *(Studying the map)* Welche Autobahn?

V: *(Stops the car)* Gib mir die Karte.

K: *(Crying)* Ich will ein Eis haben!

M: Hier ist kein Café.

V: Wir müssen weiterfahren.

K: Wann kann ich ein Eis haben?

V: Sag' alles, was du siehst auf deutsch.

K: *(Loud)* Ein Haus, ein Hund, vier Autos, ein Lastwagen,
eine Frau, ein Mann, ein Fahrrad.

V: *(Fed-up)* Gut, gut es reicht schon.

In Scene 2 the family has stopped at a café. Father is conducting the conversation with the waitress. He is very proud of his rather basic German and pleased that he understands the replies of the waitress so well, not realising that she is answering him in English. Mother and child are very amused.

Scene 2

V: *(Calling the waitress)* Fräulein!

KE: Ja, bitte?

V: Ein Eis bitte.

M: Und eine Tasse Tee.

KE: Mit Milch oder Zitrone?

M: Mit Milch bitte.

V: Und ein kleines Bier für mich.

KE: Anything else? *(Speaks with a German accent)*

V: Nein, aber können wir hier in der Nähe übernachten?

KE: Yes, there is a good hotel round the corner.

V: Wie heißt das Hotel?

KE: Hotel König.

V: Wie kommen wir dahin?

KE: In the next street right, Hauptstraße.

V: Vielen Dank. *(Turns to his family)* Ich habe alles gut verstanden!

M: *(Laughing)* Ich auch. Sie hat dir alles auf Englisch gesagt.

K: Ha, Ha Haa!

V: Na, so was.

Scene 3 takes place at the Hotel König where the family book a room for the night. Later, when father goes out to park the car, he asks the hotel porter where Cologne is. As he should have asked for Köln, the porter misunderstands and thinks he is asking for Eau de Cologne and sends him to a shop.

Scene 3

V: *(At the reception desk)* Haben Sie ein Zimmer frei?

E: Für wie lange?

V: Nur bis morgen.

E: Was für ein Zimmer möchten Sie?

V: Ein Dreibettzimmer . . . .

E: Mit Bad oder mit Dusche?

M: Oh, mit Bad bitte.

V: Ja, mit Bad.

E: Ja, das ist möglich. Tragen Sie sich bitte ein.

V: *(Filling in the register)* Danke schön.

E: Ihre Zimmernummer ist 36. *(She hands over the room key)*

V: Haben Sie einen Parkplatz?

E: Ja, hinter dem Hotel ist unser Parkplatz.
(The family go out, so that they can park the car. On the way father asks the porter the way to Cologne for their journey tomorrow.)

V: Entschuldigen Sie bitte, wo ist Cologne?

H: Wie bitte? *(Taps his forehead)* Ah, Sie meinen Eau de Cologne. Ja, das können Sie im Supermarkt dort drüben kaufen.

M: Nein, sein Deutsch ist nicht so gut. Er meint Köln.
(Mother and child laugh)

Try the alternative ending below from **V:** *Ein Dreibettzimmer. .*

E: Das tut mir leid. Wir haben hier kein Dreibettzimmer.

M: Was haben Sie denn?

E: Sie können ein Dopplezimmer und ein Einzelzimmer haben.

V: Dann nehmen wir das.

E: Mit Bad oder mit Dusche?

M: Mit Bad bitte.

E: Und das Einzelzimmer?

V: Das Einzelzimmer nur mit Dusche.

K: Ach nein, ich möchte auch ein Badezimmer.

M: Sei still.

V: Wieviel kosten die Zimmer zusammen?

E: Das Dopplezimmer 150 Mark. Das Einzelzimmer 100 Mark, inklusive Mehrwertsteuer.

V: Leider ist das zu teuer für uns.

M: Oh, wie schade!

V: Ja, kommt, wir fahren weiter.

Vocabulary

der Durst – thirst
endlich – at last
genug – enough
jetzt – now
die Karte (or in full) die Landkarte – map
meint (meinen) – means, to mean

der Schoß – lap
tragen Sie sich bitte ein (eintragen (sep.)) – please sign
übernachten – to stay overnight
versuchen – to try

Und jetzt das Kopizerbrechen

DU BIST DAS KIND

1 Wer hat die Landkarte?
  Meine ...... hat ......

2 Hast du Durst?
  ......, ich ......

3 Was ißt du gern?
  ...... esse ...... gern.

4 Hat dein Vater ein Auto?
  ......, mein Vater ......

5 Wer trinkt Tee im Café?
  Meine ...... trinkt......

6 Wer antwortet Vater auf Englisch?
  ...... antwortet ......

7 Wo ist das Hotel König?
  Es ...... in der ...... straße

8 Wo ist der Hotelparkplatz?
  Er ...... dem ......

9 Was ist eure Zimmernummer?
  Sie ist ......

10 Welche Stadt hat Vater Englisch
   ausgesprochen?
   Vater hat ...... Englisch ....

Und jetzt spielen wir:

Was ist das?

Find a partner and point to an object in the room and say: *Was ist das?* If he or she does not know the German word for it, you carry on. If he (she) does, it is your partner's turn to ask you.

5

Das alte Buch

(3 characters, 1 voice off-stage; 3 scenes)

Choose the friends' names:

Die Jungen	*Die Mädchen*
Daniel	Dorothea
David	Debora
Donald	Diana
Egmund	Eva
Ernst	Edith
Edwin	Emma

Fairy – Fee (F)

*Scene 1 takes place in a village. D _ _ _ _ _ knocks on
E _ _ _ _ _'s front door, wanting E _ _ _ _ _ to come out and
play. They are bored with all the old games, and decide to
go to the village rubbish tip.*

Scene 1

D: *(Knocking on E _ _ _ _ _'s front door. E _ _ _ _ _ comes to the
door)* Darfst du jetzt 'rauskommen?

E: *(Shouting into the house)* Darf ich mit D _ _ _ _ _ spielen
gehen?

(Voice off-stage) Ja, aber geh' nicht weit weg.

E: Gut.

(They go out)

D: Was willst du spielen?

E: Hüpfspiel?

D: Nein, das ist für Babys.

E: Ja, das stimmt.

D: Hast du einen Ball?

E: Nein, den habe ich verloren.

D: Es ist so langweilig in diesem Dorf.

E: Ja, schrecklich langweilig.

D: Hier ist nichts los.

E: Komm', wir gehen zur Müllhalde.

D: Das will meine Mutter sicher nicht.

E: Meine auch nicht.

D: Aber sie werden beide nichts davon wissen.

E: Ja, komm' – wir bleiben nicht lange dort.

D: Ich darf mich aber nicht schmutzig machen.

In Scene 2, the children are on the rubbish tip, where they pick up and look at various objects, including an old book. The book is magic. A fairy appears and grants them one wish each. Without thinking, E _ _ _ _ _ wishes them far away from their boring village.

Scene 2

E: Sieh mal, hier ist eine Matratze.

D: Da ist ein altes Radio.

E: Probier 'mal, ob es noch funktioniert.

D: Nein, es ist ganz kaputt.

E: Oh, hier ist eine Tasche.

D: Ja, aus Leder.

E: Die nehme ich mit nach Hause.

D: Erlaubt das deine Mutter, denn?

E: Nein, wahrscheinlich nicht.

D: Ach, hier ist ein sehr altes Buch.

E: *(Tries to take it away from D _ _ _ _ _. As they pull it there is a loud noise, and a fairy appears.)* Uh, ich habe Angst!

D: Wer sind Sie denn?

F: Ich bin eine Fee.

E: Wir waren doch gar nicht böse.

D: Wie in einem Märchen.

F: Ich kann euch beiden einen Wunsch erfüllen.

E: Ich einen Wunsch und D _ _ _ _ _ auch?

F: Ja, aber seid vorsichtig!

E: Ich wünsche, ich wünsche, wir wären weit weg von hier.
(There is a loud bang)

Scene 3 finds the children on the North Pole. You can make a sign, saying: North Pole. They feel very cold and frightened. Especially, when they see a polar bear in the distance. All they can do is use D _ _ _ _ _'s wish to get them home.

- Scene 3 -

D: *(Shivering)* Oh, es ist kalt hier.

E: Wo sind wir denn?

D: Ich weiß nicht.

E: Nur Schnee und Eis.

D: Ja, und jetzt schneit es auch.

E: *(Looking into the distance)* Da sind Pinguine.

D: Vielleicht ist es der Nordpol . . .

E: Na, das ist aber interessant.

D: Aber so einsam. Keine Menschen.

E: Mir ist auch schrecklich kalt.

D: Da drüben ist ein Eisbär.

E: *(Very frightened)* Ich habe Angst!

D: Ich auch. *(Shouts)* Mutti, Mutti!

E: Schnell, wünsch uns zurück.

D: Ich wünsche, –wir wären zu Hause. *(A loud bang again)*

D and E: Gott sei Dank, unser Dorf! *(They run home)*

An alternative more adventurous ending is below. Here the children use their last wish for warm clothes. Try it from D: *Vielleicht ist es der Nordpol . . . . . .*

E: Ja, kann sein.

D: Aber wenn wir nur warme Sachen hätten. *(By magic warm clothes appear)*

E: Aber das war unser letzter Wunsch.

D: Ja, aber hier sind warme Sachen.

E: Ja, das ist besser.

D: Komm, wir rennen über den Schnee.

E: Nein, erst eine Schneeballschlacht. *(They have a pretend snowball fight)*

D: Es ist schön hier.

E: Das müssen wir in der Schule erzählen.

D: Ja, aber wie kommen wir nach Hause?

E: Vielleicht gibt es hier Eskimos.

D: Ja, oder eine Expedition.

E: Da, beim Eisberg, sehe ich Männer.

D and E: *(Shouting)* HILFE! HILFE! SOS SOS.

D: Sie kommen!

Vocabulary

böse – naughty
das Dorf – village
dort drüben – over there
das Eis – ice
der Eisbär – polar bear
erlauben – to allow
die Fee – fairy
das Hüpfspiel – hopscotch
ich habe Angst (Angst haben) – I
 am frightened
kaputt – broken
langweilig – boring
das Leder – leather
das Märchen – fairy tale
die Matratze – mattress
der Mensch – human being
die Müllhalde – rubbish dump
Mutti – mummy
nach Hause – home(wards)

nehmen – to take
der Nordpol – North Pole
schmutzig – dirty
der Schnee – snow
schneien – to snow
spielen – to play
die Tasche – bag, pocket
tun – to do
ungezogen – naughty
verloren – lost
versuchen – to try
vorsichtig – careful
wahrscheinlich – probably
wissen – to know
der Wunsch – the wish
wünschen – to wish
zu Hause – at home
zurück – back (to go back or give
 back)

Nun zum Kopfzerbrechen

1 Wo ist es langweilig?
Auf dem ...... ist es ......

2 Hat E＿＿＿＿＿ einen Ball?
......, E＿＿＿＿＿ hat ihn ......

3 Wo spielen die Kinder?
Sie ...... auf einem ......

4 Was finden sie?
Sie finden ......

5 Was gibt ihnen die Fee?
...... gibt ihnen ...... Wünsche.

6 Was wünscht sich E＿＿＿＿＿?
E＿＿＿＿＿ will weit ...... sein.

7 Was sehen die Kinder auf dem Nordpol?
Sie ......

8 Wie ist das Wetter auf dem Nordpol?
Es ist ......

9 Haben die Kinder Angst?
......, die Kinder haben große ......

10 Was ist ihr zweiter Wunsch?
Sie wollen ...... gehen.

Jetzt ein Wortspiel

Write down in German the continents and countries where it is nearly always warm. The one who has written the most is the winner.

6

Das Kaufhaus

(6 characters: 2 friends, 2 shop assistants, 1 detective, 1 thief)

3 scenes

Choose the names for the friends:

Die Jungen	*Die Mädchen*
Fritz	Frieda
Felix	Fritzi
Josef	Judith
Julius	Joanna

The shop assistant – Der Verkäufer, die Verkäuferin (V)
The store detective – Der Geschäftsdetektiv (G)
The thief – Der Dieb (D)

In Scene 1, the English visitor tells his (her) host, that he (she) wants to buy presents to take home. As he (she) does not know what to buy, they decide to go to a department store, where one can look round.

Scene 1

J: Ich muß Geschenke kaufen.

F: Für wen?

J: Für meine Eltern und meinen Bruder.

F: Was willst du kaufen?

J: Das weiß ich nicht.

F: Wirklich keine Idee?

J: Nein, keine Idee.

F: Dann gehen wir ins Kaufhaus.

J: Warum?

F: Da gibt es viele Abteilungen.

J: Ist es weit?

F: Nein, wir können laufen.

J: Ich habe nicht viel Geld.

F: Also kleine Geschenke.

J: Ja.

In Scene 2, the friends have arrived at the store. But before looking for presents, they decide to go to the record department, which they like. J _ _ _ _ _ buys himself/herself a record, which leaves him/her very short of money for presents. He/she decides to share the record with his (her) brother.

Scene 2

J: Ja, das ist ein großes Geschäft.

F: Ja.

J: Wo gibt es Schallplatten?

F: Im zweiten Stock.

J: Wo ist der Lift?

F: Lieber die Rolltreppe 'rauf. Die ist da. *(Points)*

J: Gut.

F: Willst du die Platten verschenken?

J: Nein, – behalten.
(They go up the escalator and arrive at the record department)

F: *(To shop assistant)* Wo ist die Popmusik, bitte?

V: Hier links.

J: Danke.
(The friends look through the records. F _ _ _ _ _ picks one out)

F: Hier, das ist meine Lieblingsgruppe.

J: Ja, meine auch.

F: Kaufst du die?

J: Ja. *(To the assistant)* Wieviel kostet diese Platte?

V: Zwölf Mark fünfzig.

J: Ja, die nehme ich, aber das ist mein Geld für Geschenke.

F: Und was machst du jetzt?

J: *(Has a brainwave)* Ich kaufe sie für meinen Bruder.

F: Ja, dann kannst du sie auch hören.

*In Scene 3, the friends look for a present for J_____'s
parents. They try the leather goods department. While there,
J_____ sees a man steal a leather wallet by hiding it in his
newspaper. He/she reports this, and is given a reward.*

Scene 3

J: Meine Mutter hat Taschen gern.

F: Die Lederwaren sind im Erdgeschoß.
(They go to the ground floor, and look at bags)

J: Was kostet diese Tasche?

V: 100 Mark.

J: *(Laughs)* Oh, das ist mir zu teuer.

F: Kauf' lieber einen Geldbeutel.

J: Gute Idee, das ist billiger. *(Looking at the price)*

F: Und der ist aus Leder.

J: *(To the assistant)* Diesen Geldbeutel, bitte.

V: Ja, sonst noch etwas?

J: Wo sind die Brieftaschen?

V: Hier. *(She turns away, when J sees a man steal a wallet)*

J: Fräulein, Fräulein dieser Mann hat eine Brieftasche
gestohlen.

V: Was? Wo?

J: Er hat sie in seiner Zeitung versteckt.

V: *(Calls store detective)* Detektiv zu Lederwaren, bitte.

G: Was ist denn los?

V: Dieser Mann hat eine Brieftasche gestohlen.

D: Das stimmt nicht.

G: Wo ist sie?

J: In seiner Zeitung . . . . . .

G: Haben Sie das gesehen? *(Searches the man and finds the wallet)*

J: Ja.

G: Unsere Firma gibt eine Belohnung von 100 Mark für solche Anzeigen.

J: Oh, das ist prima. Jetzt bin ich reich.

But perhaps J _ _ _ _ _ was mistaken, so do try the alternative ending, from **J:** *In seiner Zeitung* . . . . . .

D: Das ist nicht meine Zeitung.

G: Das glaube ich nicht.

D: Oh, doch, das stimmt. Hier ist meine Zeitung *(He pulls out another newspaper)*.

G: Entschuldigen Sie bitte, mein Herr.

J: Ja, es tut mir auch leid.

V: Aber wo ist die Brieftasche?

G: Hier auf dem Fußboden.

V: Die ist 'runtergefallen.

J: Ja, aber wem gehört die andere Zeitung?

G: Das bleibt ein Rätsel.

Vocabulary

Die Abteilung – the department
die Anzeige – information, but also
  advertisement in newspaper
behalten – keep
die Brieftasche – wallet
der Bruder – brother
die Eltern – parents
der Fußboden – floor
der Geldbeutel – purse
das Geschäft – shop, business
das Geschenk – gift, present
gestohlen (infin: stehlen) – stolen
kaufen – to buy

laufen – to walk
hören – to listen
die Lieblingsgruppe – favourite
  group
das Rätsel – mystery
die Rolltreppe – escalator
die Schallplatte – record
sonst noch etwas? – anything else?
verschenken – give as a present
verstecken – to hide
was ist los? – what is the matter?
die Zeitung – newspaper

Zum Zopfzerbrechen

Imagine you are the store detective and have to question the shoplifter.

1 Wie heißen Sie?
...... Hans Braun

2 Wo wohnen Sie?
...... in Düsseldorf.

3 Wo arbeiten Sie?
...... arbeitslos.

4 Wie alt sind Sie?
...... 28 ......

5 Sind Sie verheiratet?
Nein, ...

6 Sind sie deutsch?
Ja, ...

7 Können sie für die Brieftasche bezahlen?
Ja, ich ...... bezahlen.

8 Warum haben Sie gestohlen?
...... weiß ......

9 Wieviel Geld haben Sie bei sich?
Ich ...... DM 55,50 ...... mir.

10 Waren Sie schon im Gefängnis?
Nein, ... nie im ......

Jetzt spielen: wer bin Ich?

Choose a partner. Write the name of a famous person, or somebody you both know, on a piece of paper. Do this so that your partner does not see what you write. Then pin the paper on each other's back and guess who you are, by asking questions.

7

Der Ausflug

(3 characters: 2 brothers or sisters, 1 motorist)

3 scenes

Choose the names for the brothers or sisters:

Die Jungen	*Die Mädchen*
Leopold	Lisa
Lutz	Luise
Manfred	Maria
Martin	Martha

Motorist – Autofahrer (A)

*Scene 1 finds the two sisters or brothers planning an outing
into the country. They intend to be well prepared with food
and maps.*

Scene 1

L: Ich möchte einen Ausflug machen.

M: Au ja, das wäre schön.

L: Wann denkst du?

M: Morgen. Der Wetterbericht ist gut.

L: Hast du eine Landkarte?

M: Ja, die nehmen wir mit.
(They pore over the map and point to a place)

L: Da gehen wir hin.

M: Ja, es ist nicht zu weit.

L: Und da ist auch ein Fluß.

M: Fahren wir mit dem Rad?

L: Nein, mit dem Bus, und dann laufen wir.

M: Und wir nehmen ein Picknik mit.

L: Na klar.

*In Scene 2, they have arrived in the country. They walk
along. Presently they feel hungry, but when they start their
picnic, they discover that L _ _ _ _ _ has left his (her)
rucksack on the bus. And to crown their disappointment,
M _ _ _ _ _ gets stung by a bee.*

Scene 2

L: Die Luft hier ist gut.

M: Wo ist dein Rucksack?

L: Ach du Schreck, den habe ich im Bus gelassen.

M: Du bist ein Idiot!

L: Jetzt habe ich nichts zu essen.

M: Ich teile mein Essen mit dir.

L: Vielen Dank.

M: Erst wandern wir ein bißchen.
(They walk on, but eventually sit down to eat.)

L: Ich esse Käsebrote sehr gern.

M: Iß sie nicht alle auf. Ich habe auch Hunger.

L: Und Durst.

M: Ja, wo ist die Limonade?

L: Im Bus, im Rucksack. *(Gets stung)*

M: Au, au, eine Biene hat mich gestochen!

L: Tut das weh?

M: Ja, sehr.

L: Halt' still, ich ziehe den Stachel 'raus. *(Pulls the sting)*

M: Ach, das ist besser.

L: Aber jetzt ist es Zeit, nach Hause zu gehen.
(They pack up and start walking)

In Scene 3, the young people have lost their way. Both map and compass are in the rucksack on the bus. A car stops and

the driver offers one of them a lift. This they sensibly refuse.
At last they catch a bus. Luckily, it is the same one they
came on. So L _ _ _ _ _'s rucksack is still there.

Scene 3

L: Wo sind wir denn?

M: Keine Ahnung.

L: Wo ist die Landkarte, oder der Kompass?

M: Wahrscheinlich in deinem Rucksack.

L: Ah, hier ist eine Straße.

M: Ja, da kommt ein Auto.

(The car stops)

A: Ich könnte einen von euch mitnehmen.

(L _ _ _ _ _ and M _ _ _ _ _ look at one another and shake their heads)

M: Nein danke, wir bleiben lieber zusammen.

L: Schade.

(The car drives off)

M: Aber was machen wir jetzt?

L: Wir laufen die Straße entlang . . . .

M: L _ _ _ _ _, da ist eine Bushaltestelle.

(They wait at the bus stop)

L: Da kommt er. *(Stops the bus, and they get on)*

M: Ich glaube, wir sind mit diesem Bus gekommen.

L: Ja, und da ist auch mein Rucksack!

M: Du hast immer Glück.

In the alternative ending, L _____ and M _____ are not as lucky. After getting soaked by rain, they have to 'phone home for help. Try this version from: **L:** *Wir laufen die Straße entlang* . . . . .

M: Ist das die Richtung?

L: Ich weiß nicht.

(They see a road sign)

M: Nein, es ist die falsche Richtung.

L: Wie lange laufen wir denn schon?

M: Mindestens zwei Stunden.

L: Und es regnet.

M: Wir sind ganz naß.

L: Da drüben ist eine Telephonzelle.

M: Ja, nun können wir zu Hause anrufen.

L: Die können uns mit dem Auto abholen.

M: Aber sie werden nicht besonders erfreut sein.

L: Nein, aber das macht nichts.

(They telephone home)

Vocabulary

abholen – to call for to come for, to collect
der Ausflug – the outing (to the country mainly)
die Biene – bee
ein bißchen – a little
das macht nichts – that does not matter
denken – to think
du hast immer Glück – you are always lucky
erfreut – pleased
der Fluß – river
keine Ahnung – no idea

die Luft – the air
mitnehmen – to take along
naß – wet
oh weh – oh dear
das Rad – the bike
die Richtung – direction
der Stachel – the sting
teilen – to share, divide
tut das weh? – does that hurt?
der Wetterbericht – weather forecast
ziehen – to pull ('rausziehen – to pull out)
zusammen – together

Und jetzt das Kopfzerbrechen

1 Was planen L_____und M_____?
 Sie ...... einen ......

2 Wohin gehen sie?
 Sie ...... auf das ......

3 Wie kommen sie dahin?
 Mit ......

4 Haben die Geschwister Fahrräder?
 Ja, ...

5 Wo ist L_____'s Rucksack?
 Im ......

6 Was ißt L_____ gern?
 L_____ ...... gern.

7 Haben L_____ und M_____ was zu trinken?
 ......, sie haben ......

8 Wo ist die Limonade?
 Auch ......

9 Wer wurde von einer Biene gestochen?
 ...... wurde von ......

10 Wie kommen L_____ und M_____ nach Hause?
 Wieder mit ......

Wortspiel

Now we play: 'I spy with my little eye', but using the German alphabet. One of you says: 'Ich sehe etwas, das mit – beginnt'. Whoever guesses right has the next turn.

8

Die weiße Maus

(4 characters: 2 friends, 1 Verkäufer, 1 Dame)

3 scenes

Choose the friends' names:

Die Jungen	*Die Mädchen*
Paul	Petra
Philip	Penelope
Nikolaus	Naomi
Norman	Ninette

Sales assistant – Verkäufer (in) (V)

Lady – Dame (D)

In Scene 1, two friends (one German, one English) go into a pet shop, just to look round. However, the English boy (girl) buys a white mouse.

Scene 1

V: Ja, bitte?

N: Dürfen wir uns 'mal umsehen?

V: Ja, natürlich.

P: Hast du Fische gern?

N: Nein, die sind zu langweilig.

P: Sprechen tun sie nicht.

N: Ich hätte gern einen Papagei.

P: Ja, die lernen sprechen.

N: Meine Mutter erlaubt das aber nicht.

P: Aber du hast doch einen Hund.

N: Hast du gar kein Haustier?

P: Nein, keins.

N: Oh, sieh' mal, da ist eine kleine Maus.

P: Oh, sie ist süß und schneeweiß.

N: Kauf' sie, dann hast du ein Haustier.

P: Ja, die kaufe ich, und ich nehme sie mit nach England.

In Scene 2, the friends are at N＿＿＿＿＿'s home. P＿＿＿＿＿ is ready to go home. As they can't find a suitable box for the mouse, he/she puts it into his/her pocket. N＿＿＿＿＿ takes him/her to the station.

Scene 2

N: Hast du alles gepackt?

P: Ja, aber hast du eine kleine Schachtel für meine Maus?

N: *(Looks for a box)* Nein, leider nicht.

P: Das macht nichts. *(Puts the mouse into his/her pocket)*

N: Ich bringe dich zum Bahnhof.

P: Danke. *(They go to the station)*

    (At the station N＿＿＿＿＿ looks at the timetable on the wall)

N: Dein Zug fährt von Gleis 5.

P: Komm' schnell!

N: Ja, der Zug fährt in einer Minute ab.

    (They run to the train. P＿＿＿＿＿ gets in and talks to N＿＿＿＿＿ out of the window.)

P: Auf Wiedersehen und vielen Dank, auch an deine Eltern.

N: O.K. Hast du deine Fahrkarte?

P: Ja, auf Wiedersehen.

N: Auf Wiedersehen!

*Scene 3 takes place in the train compartment. P_____
shares this with one lady. The mouse escapes, upsetting the
lady. When P_____ catches it again, the lady tells him/her
that he/she can't take the mouse to England, because of the
strict rabies law.*

Scene 3

D: Wohin fährst du denn?

P: Ich fahre nach Ostende, dann nach England.

D: Das ist eine lange Reise.

P: Ja. *(Takes out a handkercheif to blow his (her) nose, and the mouse escapes)*

D: Hilfe! Eine Maus, eine Maus *(Screams and jumps on the seat)*

P: Die beißt doch nicht . . . *(He (she) recaptures it)*

D: Wohin fahren Sie?

P: Ich sage doch, nach England.

D: Nach England darf man aber keine Tiere mitnehmen.

P: Ach, warum denn nicht?

D: Wegen des Tollwutgesetzes.

P: Das hatte ich vergessen.

D: Laß die Maus in Ostende frei.

P: Wird die Maus genug zu fressen finden?

D: Ja, Mäuse können überall leben.

P: *(Very sad)* Wie schade!

*Try the alternative ending from **P:** Die beißt doch nicht . . .*

D: Ich habe Angst vor Mäusen.

P: *(Running after his (her) pet, calling)* Mäuschen, Mäuschen.

(When he (she) can't catch it, he (she) runs back into the compartment)

P: Ist sie zurückgekommen?

D: Nein, zum Glück nicht.

P: Oh, wo ist meine Maus?

D: Die ist froh, frei zu sein.

P: *(Goes through the train searching. In the corridor he(she) sees a poster, explaining why it is forbidden to take animals to England. He(she) goes back to the compartment.)*

Ich darf meine Maus nicht mitnehmen.

D: Warum?

P: Wegen der Tollwut. *(Under his(her) breath)* Viel Glück, kleines Mäuschen.

Vocabulary

der Bahnhof – the station
beißen – to bite
das macht nichts – that doesn't matter
die Fahrkarte – ticket for train or bus
fährt ab (abfahren (sep.)) – departs, leaves
fressen – to feed (intrans.)
froh – glad
gepackt (packen) – packed
das Gleis – platform

zum Glück – luckily
das Haustier – pet
der Hund – dog
leben – to live
leider – unfortunately
der Papagei – parrot
die Schachtel – box
süß – sweet
das Tollwutgesetz – rabies law
vergessen – forgotten
zurückkommen – to come back

Zum Kopfzerbrechen

1   Wer hat keine Haustiere?
...... hat ......

2   Was lernen Papageie?
Sie ...... zu ......

3   Wer hat einen Hund?
...... hat ......

4   Was kauft P_____?
Er ......

5   Hat die Maus eine Schachtel?
......, ... hat k ......

6   Wie transportiert P_____ die Maus?
...... seiner(ihrer) ......

7   Wie fährt P_____ nach England zurück?
Mit dem ...... und ......

8   Wer hat Angst vor Mäusen?
...... hat ......

9   Was fressen Mäuse?

10   Warum darf man kein Tier nach
Großbritannien mitnehmen?
Wegen des ...... gesetzes.

Wir spielen jetzt:

'Ich sehe was, was du nicht siehst, und es ist—(weiss).'

The one whose turn it is looks at something in the room or outside, notes its colour, and says the above in German. The one who guesses correctly has the next turn, and so on.

9

Ohrringe, Ohrringe!

(5 characters: mother, father, 2 young people, shop assistant)

3 scenes

Choose the names for the young people:

Die Jungen	*Die Mädchen*
Arnold	Anna
Alfred	Anita
Edgar	Elisabeth
Eduard	Eleonore

Mother – Mutter (M)

Father – Vater (V)

Shop assistant – Verkäuferin (VER)

*In Scene 1, the telephone rings. E _ _ _ _ _ answers it.
A _ _ _ _ _ wants to go out with him (her) tomorrow. But as
is it his (her) mother's birthday then, they decide instead to
go shopping for her present today.*

Scene 1

(Telephone rings)

E: Ja, hier E _ _ _ _ _.

A: Guten Morgen, hier ist A _ _ _ _ _.

E: Oh, hallo, wie geht's?

A: Gut, danke.

E: Warum rufst du an?

A: Kannst du morgen 'was mit mir unternehmen?

E: Nein, morgen hat meine Mutter Geburtstag.

A: Kannst du heute?

E: Nein, heute muß ich ein Geschenk für sie kaufen.

A: Kann ich mitkommen?

E: Na klar.

A: Wann gehst du?

E: In einer halben Stunde.

A: Gut, ich hole dich in dreißig Minuten ab.

E: Bis dann, auf Wiedersehen.

A: Tschüss.

*Scene 2 finds the friends looking at shop windows.
Eventually, they go to a jeweller and buy A _ _ _ _ _'s mother
earrings.*

Scene 2

A: Es gibt schöne Geschäfte in dieser Straße.

E: Ja, hier sind tolle Fahrräder im Fenster.

A: Aber doch nicht für deine Mutter. *(They laugh)*

E: Nein, natürlich nicht.

A: Was hat sie denn gern?

E: Ich weiß nicht.

A: Ißt sie gern Schokolade?

E: Nein, das macht dick.

A: Hier ist ein Schmuckgeschäft

E: Gute Idee, sie trägt gern Ohrringe.

(They go into the jewellers)

E: Guten Tag. Haben Sie Ohrringe?

VER: Ja, wieviel sollen sie kosten?

E: Nicht mehr als 15 Mark.

(Assistant shows E _ _ _ _ _ a tray with earrings)

VER: Bitte, suchen Sie sich welche aus.

B: *(Chooses a pair)* Diese bitte.

VER: Moment bitte, ich packe sie Ihnen schön ein.

E: Danke. *(Pays and they go out)*

*Scene 3 takes place in the dining room on mother's
birthday. Father and E _ _ _ _ _ get the breakfast ready for
her. They put all her post and presents by her plate.
Unfortunately, everybody has sent her earrings.*

Scene 3

V: Komm' B _ _ _ _ _, hilf mir.

E: Womit?

V: Wir wollen heute das Frühstuck für Mutti machen.

E: Ja, O.K.

V: Bitte decke den Tisch.

E: Ich glaube, der Briefträger ist da. *(Goes to the front door)*

V: Komm' jetzt und deck' den Tisch.

E: Ja, ja, ich lege auch ihre Post neben ihren Teller.

V: Hier ist auch mein Geschenk.

E: Und meins. *(They put all the presents by mother's plate, when she comes in)*

V and E: Herzlichen Glückwunsch zum Geburtstag.

M: Danke vielmals.

E: Mach' deine Geschenke auf!

M: *(Opens her cards and parcels)* Hier ist ein Päckchen von den Großeltern. Oh, wie nett, Ohrringe.

E: Hier ist mein Geschenk.

M: Danke, *(Kisses E _ _ _ _ _)* auch so schöne Ohrringe.

V: Hier sind meine.

M: Auch Ohrringe?

V: Ja, leider.

M: Oh, die sind wunderschön.

E: Hier sind noch zwei Päckchen.

(Mother unpacks the parcels)

M: Von Tante Luise, auch Ohrringe und von Onkel Hans.

V: Soll ich meine umtauschen? . . . . . .

M: Ach nein. Jetzt kann ich jeden Tag andere Ohrringe tragen.

In the alternative ending, Mother would after all rather change father's earrings, as he offered. But what should she have instead? It starts from: **V:** *Soll ich meine umtauschen? . . . . .*

M: Ja, bitte.

V: Was soll ich dir kaufen?

M: Vielleicht eine Kette?

E: Oder eine Armbanduhr.

M: Ja, die hätte ich auch gern.

V: Oder einen Ring?

M: Ja, ein Ring wäre auch gut.

V: Du mußt dich entscheiden.

M: Das ist aber sehr schwer.

E: Ich habe eine Idee!

V: Nun, was ist die Idee?

E: Kaufe Mutter eine Uhre an einer Kette.

M: *(Pleased)* Ja, das ist eine prima Idee.

V: Komm' wir gehen gleich.

Vocabulary

die Armbanduhr – the watch
der Briefträger – the post man
dick – fat
sich entscheiden – to decide
das Frühstück – breakfast
decke den Tisch! – lay the table!
der Geburtstag – the birthday
gleich – right away
helfen – to help
ich packe sie schön ein – I will wrap them up nicely
die Kette – necklace, chain

der Onkel – the uncle
das Päckchen – the small parcel
das Schmuckgeschäft – the jewellery shop, jeweller
sich etwas aussuchen (sep.) – to choose
die Stunde – the hour
der Teller – the plate
toll (colloquial) – great, fantastic
trägt (tragen) – wears, carries
umtauschen (sep.) – to exchange

Und jetzt das Kopfzerbrechen

1 Warum kann E ＿＿＿＿＿ morgen nichts
   unternehmen?
   Mutter hat ......

2 Was will E ＿＿＿＿＿ heute machen?
   E ＿＿＿＿＿ ...... einkaufen.

3 Wann gehen E ＿＿＿＿＿ and A ＿＿＿＿＿
   einkaufen?
   In einer ......

4 Hat E ＿＿＿＿＿ Fahrräder gern?
   ...... hat ...... gern.

5 Was kauft E ＿＿＿＿＿?
   E ＿＿＿＿＿ ......

6 Wer macht das Frü̈stück?
   ...... machen ......

7 Was sagt man, wenn jemand Geburtstag hat?
   ......!

8 Wohin legt E ＿＿＿＿＿ die Geschenke?
   Neben den ......

9 Was hat Vater für Mutter gekauft?
   Er hat ...... gekauft.

10 Wieviele Paar Ohrringe bekam Mutter?
   Mutter bekam ＿＿＿＿＿

Das Interview

Find a partner and interview each other, in German of course. Ask about your likes and dislikes; what you like to do or not do. But you must not use 'Ja' or 'Nein' in your reply. If you do, you are out of the game. Whoever is left is the winner. To help you, below are some examples for your questions.

Schwimmst du gern?   *Answer:* Ich schwimme gern.
Hast du Ohrringe gern?   *Answer:* Ich habe Ohrringe gern.

10

April, April

(5 characters: husband, wife, man in street, lady and customs
officer)

3 scenes

Husband – Mann (M)

Wife – Frau (F)

Gentleman in the street – Herr (H)

Lady – Dame (D)

Customs officer – Zollbeamter (Z)

In Scene 1, the husband tells his wife he has received a big bonus at work. The wife is very pleased and makes plans for spending the money. Then the husband says: 'April Fool!' (In German you just say: 'April, April!') The wife knows that her husband loves practical jokes, so when he tells her afterwards that he is going to Paris for the day, she does not believe him, although it is true.

Scene 1

M: Ich habe eine Gehaltszulage bekommen.

F: Wirklich?

M: Ja, wirklich.

F: Wieviel?

M: 4000 Mark.

F: *(Very pleased)* Oh, das ist prima!

M: Ja, toll!

F: Wir kaufen eine neue Waschmaschine.

M: Sonst noch Wünsche?

F: Ja, vielleicht neue Kleider für mich.

M: Sonst noch etwas?

F: Vielleicht Ferien im Ausland.

M: Ha, ha, April, April!

F: Oh du!

M: Heute morgen muß ich für meinen Chef nach Paris fliegen.

F: Das glaube ich nicht. April, April, nicht wahr?

Scene 2 finds our practical joker on his way to the airport.
He approaches a man in the street, and accuses him of
carrying an umbrella that belongs to our hero. The man is of
course furious, even after the: APRIL, APRIL.

Scene 2

M: *(Going up to a man)* Einen Moment, bitte; das ist mein
Schirm.

H: Wie bitte?

M: Dieser Schirm gehört mir.

H: Sind Sie verrückt?

M: Nein, wirklich, das ist mein Schirm.

H: Wie kommen Sie denn darauf?

M: Geben Sie mir den Schirm!

H: Dieser Schirm ist ein Geburtstagsgeschenk.

M: *(Tries to pull the umbrella towards himself)* Ich will den
Schirm haben!

H: *(Shouting)* Polizei! Hilfe! Hilfe!

M: (Laughs) April, April!

H: *(Touching his forehead)* Sie sind ein Idiot!

Scene 3 takes place at the customs. M _ _ _ _ _ is standing
behind a lady who is just going past the customs officer.
When he asks her if she has anything to declare, she says
no. M _ _ _ _ _ butts in and accuses her of smuggling
diamonds. The officer searches her case and finds nothing.
M _ _ _ _ _ then says his usual: April, April, but this time it
backfires, and he is arrested.

Scene 3

Z: Haben Sie etwas zu verzollen?

D: Nein, nichts.

M: Das stimmt nicht.

Z: Was sagen Sie?

M: Sie hat etwas zu verzollen.

Z: Was denn?

M: Sie hat Diamanten in ihrem Koffer.

Z: *(To the lady)* Kennen Sie diesen Mann?

D: Nein, natürlich nicht.

Z: Bitte, öffnen Sie Ihren Koffer.
(She opens her case, he searches)

D: *(Starting to cry)* Sehen Sie, nichts zu verzollen . . . .

Z: *(To M _ _ _ _ _)* Warum haben Sie die Dame angeklagt?

M: April, April!

Z: *(Very annoyed)* Das ist aber gar nicht komisch.

M: Es war nur ein Witz.

Z: Es ist kein Witz. Es ist strafbar und Sie sind verhaftet.
(Leads him away)

In the alternative ending, much to M's surprise, there really is something in the lady's luggage, but not diamonds. Start from **D:** *Sehen Sie, nichts zu verzollen......*

Z: *(Pulling a wad of dollar notes from the case)* Und was ist das?

D: Ich habe diese Scheine noch nie gesehen.

Z: Wie heißen Sie?

D: Frau Schneider.

Z: Woher kommt das Geld?

D: Ich weiß es nicht.

Z: *(Looking at a paper)* Gestern hatten wir hier einen Bankraub. Diese Scheine sind gestohlen worden.

D: Nein, nein.

Z: Ich verhafte Sie jetzt.

M: Na, so was!

Vocabulary

angeklagt (infin: anklagen) – accused
auf etwas kommen – to get an idea
das Ausland – abroad, foreign country
der Bankraub – bank robbery
bekommen – to get, receive
das ist nicht wahr – that is not true
die Ferien – holidays
fliegen – to fly
die Gehaltszulage – bonus
kennen – to know (be acquainted with)
na so was! – well, whatever next, what a thing!

nie – never
die Polizei – police
der Rechtsanwalt – lawyer, solicitor
der Schein(e) – paper money, bank notes
der Schirm – *umbrella*
strafbar – punishable
verhaftet – arrested (*verhaften* – to arrest)
verrückt – crazy, lunatic
verzollen – to declare at customs
wirklich – really, truly

Nun ein Wörterspiel

The word *Dienstmädchen* (maid-servant) contains enough letters to enable you to make up lots of other German words, long and short ones.
Example: *sie*.
The one who has written down the most after a few minutes is the winner.

Noch ein Interview

Instead of the usual 'Zum Kopfzerbrechen', try to imagine you are the customs officer interviewing the lady as she is in the alternative ending. To every question you ask her, she must give a negative reply.

Z: Ist das Ihr Geld?

D: Nein, ...

Z: Wie ist Ihr Name?

D: Ich ...... vergessen.

Z: Woher kommt das Geld?

D: ...... weiß ......

Z: Ist das Ihr Koffer?

D: Nein, ...

Z: Fliegen Sie nach Amerika?

D: Nein ...... nach ......

Z: Haben Sie eine Handtasche?

D: Nein ...... k ......

Z: Ist Ihr Paß hier?

D: Nein ...... hier.

Z: Haben Sie einen Rechtsanwalt?

D: ...... k ......